Inhalt

Volkswirte in Erklärungsnot - die Krisen überfordern die Zunft

Kernthesen

Beitrag

Fallbeispiele

Weiterführende Literatur

Impressum

Volkswirte in Erklärungsnot - die Krisen überfordern die Zunft

Robert Reuter

Kernthesen

- Volkswirte aller Länder stehen in der Kritik. Vorgeworfen wird ihnen, dass sie Finanzkrisen weder vorhersehen können noch Erklärungen dafür parat haben.
- An dem derzeit schlechten Image sind die Experten auch selbst schuld. Sogar Nobelpreisträger können sich nicht darüber einigen, was jetzt zu tun ist und wie man Finanzkrisen vermeiden könnte.
- Kritiker bemängeln die bisherigen wirtschaftswissenschaftlichen Modelle.

Diese seien oft fern der Praxis und gingen von idealen Märkten aus, die es in Wirklichkeit gar nicht gebe.
- Tendenziell ist davon auszugehen, dass der Faktor Mensch und seine Unzulänglichkeiten in zukünftigen Arbeiten eine größere Rolle einnehmen werden als bisher.

Beitrag

Volkswirtschaftslehre im Dilemma

Von dem berühmten Wirtschaftsnobelpreisträger Robert Lucas stammt ein nicht minder berühmter Satz: Die Volkswirtschaftslehre habe "das zentrale Problem, wie Depressionen zu verhindern sind, gelöst", sagte er 2003. Die optimistische Aussage darf angesichts der wirtschaftlichen Ereignisse seit 2008 als einer der größten Irrtümer in der Geschichte der Ökonomie gelten. Zugleich macht sie deutlich, wie sehr sich die Volkswirtschaftslehre derzeit in einem Dilemma befindet. Der wissenschaftlichen Disziplin wird der Vorwurf gemacht, die Finanzkrise nicht vorausgesehen und für die aktuellen Krisen in Europa und in den USA keine Antworten parat zu haben. Diese Kritik wird sogar im eigenen Lager geäußert. So glaubt der Chefvolkswirt der Deutschen Bank, Thomas Mayer, dass die moderne Makro- und Finanzökonomie einen gehörigen Anteil an der Krise habe. Aufgrund der bestehenden Theorien habe man geglaubt, Konjunktur und Finanzrisiken gut berechnen zu können und sei darum zu sorglos bei der Verschuldung gewesen. Auch der Wirtschaftsnobelpreisträger Joseph Stiglitz sieht die bisherigen makroökonomischen Modelle als mitverantwortlich für die Krise. (1), (2)

Hohn und Spott von allen Seiten

Der Linzer Wirtschaftsprofessor Friedrich Schneider moniert, dass sich die Volkswirtschaftslehre immer noch viel zu wenig mit ihrem eigenen Versagen befasse. Viele Ökonomen seien nach wie vor völlig von sich selbst und ihren Arbeiten überzeugt, weshalb jede Kritik als Nestbeschmutzung zurückgewiesen werde. Die schärfste Kritik kommt daher von außen, wie die wachsende Zahl VWL-kritischer Bücher zeigt. Politiker fragen süffisant, wozu Volkswirte überhaupt zu gebrauchen seien. Gerne erinnert man sich in diesen Tagen auch an den früheren SPD-Fraktionschefs Peter Struck, der zu seiner Zeit den Sachverständigenrat, die "Wirtschaftsweisen", abschaffen wollte.

In der Bevölkerung haben Volkswirte ebenfalls kein

gutes Image. Laut einer Studie der Universität Köln liegen sie bei der Reputation meilenweit hinter anderen Berufsgruppen und nur knapp vor Astrologen. Dieser Umstand gibt manchem Kommentator Munition für neuen Spott, etwa wenn Volkswirte als Glaskugelleser lächerlich gemacht werden. Seriöse Berichterstatter sind sich allerdings einig darin, dass es gar nicht die Aufgabe von Volkswirten ist, Krisen vorherzusagen. (1), (2)

Ratlose Nobelpreisträger

Wie sehr auch hoch geachtete Ökonomen von den Ereignissen überfordert werden, zeigte unlängst der Wirtschaftsnobelpreisträger Peter Diamond. Der Forscher wäre fast in den geldpolitischen Ausschuss der Federal Reserve berufen worden, gab vor Reportern aber ein denkbar schlechtes Bild ab. "Es gibt im Moment große Risiken", antwortete Diamond vage, als Journalisten ihn beim kürzlich zu Ende gegangenen Ökonomie-Nobelpreisträgertreffen in Lindau befragten. Ob es etwas konkreter gehe, fragte der Reporter. Der 71-Jährige winkte ab. "Ich studiere nicht Tag für Tag den Verlauf der Konjunkturdaten, das würde zu viel Zeit kosten." Ob er Europa einen Rat geben könne? 2Alles was ich weiß ist: Es sollte etwas unternommen werden." (3), (4)

Kakophonie der Wirtschaftsweisen

Die allgemeine Ratlosigkeit unter den Volkswirten hat zudem zu einer Vielstimmigkeit geführt, die das Ausmaß der Überforderung nur umso deutlicher macht. Nobelpreisträger Edmund Phelps etwa spricht sich für höhere Steuern in den USA aus, während der Nobelpreisträger Robert Mundell niedrigere Steuern fordert. Ein weiterer Nobelpreisträger, Roger Myerson, plädiert für eine weitere Runde quantitativer Lockerung der Geldmenge in den USA, Joseph Stiglitz rät davon ab. Phelps und Stiglitz warnen vor den Risiken einer neuen tiefen Rezession, während Robert Aumann (Nobelpreisträger 2005) die weltwirtschaftliche Lage als "ziemlich gut" bezeichnet. Der einflussreiche US-Professor Mark Thoma empfindet die große Zahl unterschiedlicher Meinungen denn auch als "erschütternd". Diese Meinungsvielfalt gilt für die Analyse der Krisenursachen genauso. Auch hier können sich die Nobelpreisträger und andere Koryphäen nicht auf eine in etwa einhellige Sichtweise einigen. (3)

Modelle statt Praxis

Vorwerfen lassen muss sich die Volkswirtschaftslehre,

dass sie sich hinter Modellen verschanzt hat, die mit der Praxis nicht mehr viel zu tun haben. Die idealen Annahmen, die diesen Modellen zugrunde liegen, gibt es in der Wirklichkeit tatsächlich nur selten. Dies gilt für die Grundannahme vom rational handelnden Wirtschaftsakteur genauso wie für die so oft vorausgesetzte Effizienz freier Märkte. Wirtschaftsnobelpreisträger Joseph Stiglitz ist auf Wirtschaftskongressen allerdings oft der einzige, der an diese fehlerhaften Grundannahmen erinnert. Wenig populär ist auch seine Feststellung, dass sich die VWL mit vielen wichtigen Fragen noch nie auseinandergesetzt habe. Etwa diese: Wie können Institutionen die europäische Krise lösen? Welche Ziele verfolgen Politiker in Zeiten des Wahlkampfes? Wann darf ein Staat bei Börsenturbulenzen in den Markt eingreifen? Auch aus diesen Fragen wird klar, in welche Richtung sich die Volkswirte zukünftig bewegen müssen: Statt künstlicher Modelle muss das menschliche Verhalten in den Mittelpunkt rücken. Überdies sind Forschungsarbeiten gefragt, die der Politik konkrete Handlungsmöglichkeiten an die Hand geben. (1), (2)

Nicht alles war schlecht

Der Bonner Ökonomieprofessor Jürgen von Hagen will die aktuelle Kritik so nicht akzeptieren und erinnert an die Leistungen der Volkswirte. So habe die aktuelle Forschung durchaus zur Bekämpfung der Krise beigetragen, etwa durch ihre Erkenntnisse zum Arbeitsmarkt. Diese seien in das Regierungshandeln eingeflossen und hätten dafür gesorgt, dass Deutschland vergleichsweise unbeschadet aus der Weltwirtschaftskrise herausgekommen sei. Auch hätten viele Volkswirte vor den zu niedrigen Zinsen gewarnt, die eine Ursache für den Ausbruch der Krise 2008 gewesen seien. Nachholbedarf macht von Hagen allerdings bei der Erforschung der Finanzmärkte aus, habe die Krise doch gezeigt, wie wichtig es sei, diese zu verstehen. (1)

Trends

Deutsche Ökonomen streben ins Ausland

Deutsche Volkswirte gehen zum Forschen immer öfter ins Ausland. Jeder zweite der derzeit produktivsten Ökonomen arbeitet bereits anderswo. Top-Ökonomen, die an deutschen Hochschulen forschen, waren zuvor fast immer in anderen Ländern tätig. Gewandelt hat sich auch die Ausrichtung des Forschungsinteresses. Wurden deutsche Ökonomen früher fast nur in der mikroökonomischen Theorie beachtet, arbeiten sie heute in fast allen Teilgebieten des Fachs auf Augenhöhe mit internationalen Experten. (6)

Fallbeispiele

Mannheim vor Zürich

Als beste VWL-Fakultät im deutschsprachigen Raum gilt seit neuestem nicht mehr Zürich, sondern Mannheim. Der Fachbereich dort ist in den letzten Jahren stark gewachsen - allein neun neue Professoren mit unbefristeten Stellen wurden in Mannheim eingestellt. Darunter sind der Theoretiker Volker Nocke aus Oxford, die Makro-Expertin Michèle Tertilt aus Stanford und der Ökonometriker Gerard van den Berg aus Amsterdam. Hinzu kommen mehr als ein halbes Dutzend Junior-Professoren. Mannheim belegt den Spitzenplatz unter den VWL-Instituten zum ersten Mal. (9)

Jahrestagung des Vereins für Socialpolitik

Während auf anderen Kongressen an den drängendsten Fragen an die Wissenschaft häufig vorbei diskutiert wird, hat der Verein für Socialpolitik die Finanzkrise zum Thema seiner Jahrestagung gemacht. 500 Wirtschaftswissenschaftler waren aufgerufen, zum Thema "Die Ordnung der Weltwirtschaft: Lektionen aus der Krise" Beiträge zu liefern. (5), (8)

US-Fachmagazine sind die beliebtesten

Eine Umfrage des Vereins für Socialpolitik unter 700 Ökonomen sollte zeigen, welche wirtschaftswissenschaftlichen Fachzeitschriften unter den Experten das höchste Ansehen haben. Das höchste Renommee genießen demnach die "American Economic Review", die "Econometrica" sowie das "Quarterly Journal of Economics". Fachzeitschriften aus dem deutschsprachigen Raum landeten nur auf hinteren Plätzen. Am beliebtesten ist noch das "Journal of Institutional and Theoretical Economics" (JITE), das den 50. Platz belegte. (7)

Weiterführende Literatur

(1) Nach der Krise ist in der Krise

aus DIE WELT, 31.08.2011, Nr. 203, S. 10

(2) Die Ökonomen streiten/
aus Südkurier vom 30.08.2011, Seite 6

(3) Wenn Titanen ratlos sind
aus Südkurier vom 30.08.2011, Seite 6

(4) Alte Antworten auf neue Fragen Tagesthema
aus Stuttgarter Zeitung, 29.08.2011, S. 2

(5) Im Wettlauf mit der Krise
aus Frankfurter Allgemeine Zeitung, 05.09.2011, Nr. 206, S. 15

(6) Konkurrenzfähig auf allen Gebieten
aus Frankfurter Allgemeine Zeitung, 05.09.2011, Nr. 206, S. 15

(7) Was Ökonomen lesen
aus Frankfurter Allgemeine Zeitung, 05.09.2011, Nr. 206, S. 14

(8) Ein Fest für die Marktwirtschaft
aus Frankfurter Allgemeine Sonntagszeitung, 28.08.2011, Nr. 34, S. 36

(9) Mannheim vor Zürich
aus Frankfurter Allgemeine Sonntagszeitung, 28.08.2011, Nr. 34, S. 36

Impressum

Volkswirte in Erklärungsnot - die Krisen überfordern die Zunft

Bibliografische Information der deutschen Nationalbibliothek

Die Deutsche Nationalbibliothek verzeichnet diese Publikation in der deutschen Nationalbibliografie; detaillierte bibliografische Daten sind im Internet über http://dnb.d-nb.de abrufbar.

ISBN: 978-3-7379-1681-3

© 2015 GBI-Genios Deutsche Wirtschaftsdatenbank GmbH, Freischützstraße 96, 81927 München, www.genios.de

Alle Rechte vorbehalten. Dieses Werk ist einschließlich aller seiner Teile – z.B. Texte, Tabellen und Grafiken - urheberrechtlich geschützt. Jede Verwertung außerhalb der Grenzen des Urheberrechtsgesetzes bedarf der vorherigen Zustimmung des Verlags. Dies gilt insbesondere auch für auszugsweise Nachdrucke, fotomechanische Vervielfältigungen (Fotokopie/Mikroskopie), Übersetzungen, Auswertungen durch Datenbanken oder ähnliche Einrichtungen und die Einspeicherung und Verarbeitung in elektronischen Systemen.